Villancicos y Cantos
CANTEMOS LAS POSADAS

Por Laila Pita, con la colaboración de Victoria Rey

© Calli Casa Editorial, 2012
Yhacar Trust, 2021

Todos los derechos registrados. Prohibida la reproducción total o parcial de esta obra en todo su contenido: texto, dibujos, ideas e ilustraciones de portada, sin autorización por escrito.

www.solonovenas.com
#2500-391B

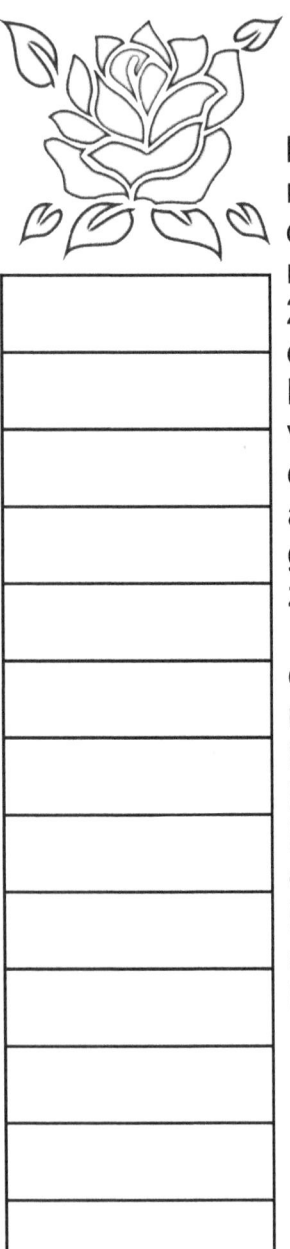

UN POCO DE HISTORIA

Las Posadas es una celebración del culto católico romana previa a la Navidad, que consiste en nueve rosarios que van del 16 al 24 de diciembre, llamados en conjunto novenaria, en los cuales se rememora el viaje de la Sagrada Familia desde Galilea hasta Belén así como los 9 meses de la gestación de Jesús de Nazaret.

A este novenario es usual que se le agregue una serie de tradiciones y celebraciones no religiosas que han creado la tradicional Posada Mexicana la cual con variantes se celebra hoy en día en algunos países de Latinoamérica y los Estados Unidos.

CÓMO ORGANIZAR UNA POSADA TRADICIONAL MEXICANA – PASO A PASO

1. Elige la fecha y prepara la lista de invitados

Las posadas se celebran del 16 al 24 de diciembre, una por cada noche.
Puedes hacer una sola posada o varias si tienes tiempo y recursos.
Invita con anticipación a vecinos, amigos, familiares o miembros de la parroquia.

2. Decora el espacio

Coloca una nochebuena o flores navideñas en la entrada.
Decora con luces, papel picado, velas o farolitos.
Prepara un espacio con un nacimiento o altar con imágenes de San José y la Virgen María.
Puedes usar peregrinos de cartón, papel o imáge-

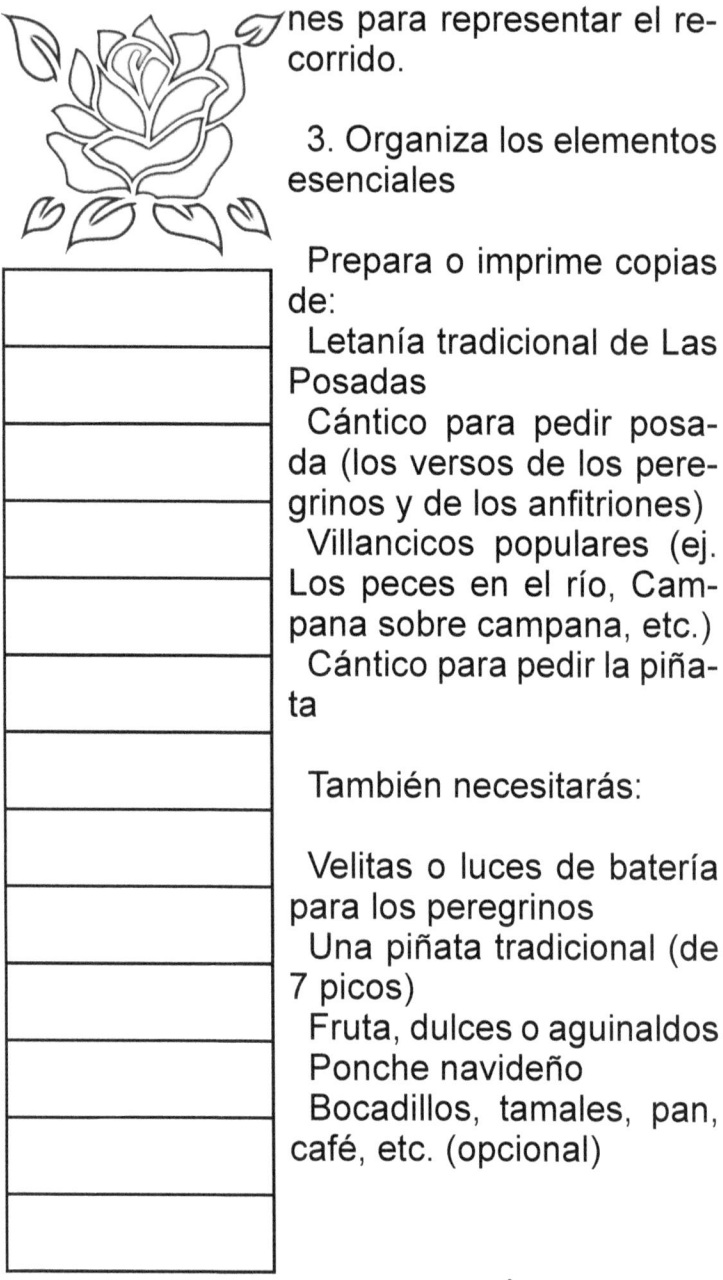

nes para representar el recorrido.

3. Organiza los elementos esenciales

Prepara o imprime copias de:
Letanía tradicional de Las Posadas
Cántico para pedir posada (los versos de los peregrinos y de los anfitriones)
Villancicos populares (ej. Los peces en el río, Campana sobre campana, etc.)
Cántico para pedir la piñata

También necesitarás:

Velitas o luces de batería para los peregrinos
Una piñata tradicional (de 7 picos)
Fruta, dulces o aguinaldos
Ponche navideño
Bocadillos, tamales, pan, café, etc. (opcional)

4. Divide los papeles

Peregrinos: quienes caminarán con las velas cantando afuera.
Anfitriones: los que estarán dentro representando la posada.
Alguien puede dirigir el canto y coordinar los versos.

5. Comienza el recorrido

Los peregrinos inician fuera de la casa o salón, cantando los versos para pedir posada.
Los anfitriones responden desde dentro negando varias veces y luego aceptando.
Se pueden usar instrumentos como panderos, guitarra o simplemente cantar en grupo.

6. Letanía y oración

Una vez que los peregrinos entran, se hace una

pequeña oración o se reza la letanía tradicional a la Virgen.

Se puede leer un pasaje bíblico, encender una vela en el altar o cantar un villancico.

7. Rompimiento de la piñata

Todos cantan el cántico para pedir la piñata:

"Ándale Juana, no te dilates, con la canasta de los cacahuates…"

Se rompe la piñata y se reparten dulces, fruta, juguetes o pequeños regalos.

8. Compartir comida y bebida

Ofrece ponche caliente, tamales, pan dulce, buñuelos, café o chocolate caliente.

El momento de convivio es clave para fortalecer la

comunidad y el espíritu navideño.

9. Cierre con alegría y fe

Puedes finalizar cantando más villancicos o haciendo una oración por la paz, la familia o la salud de todos los presentes.

Agradece a los asistentes y, si es parte de una serie de posadas, invita a la siguiente.

Y si no, ¡puedes invitarlos a la posada del año próximo!

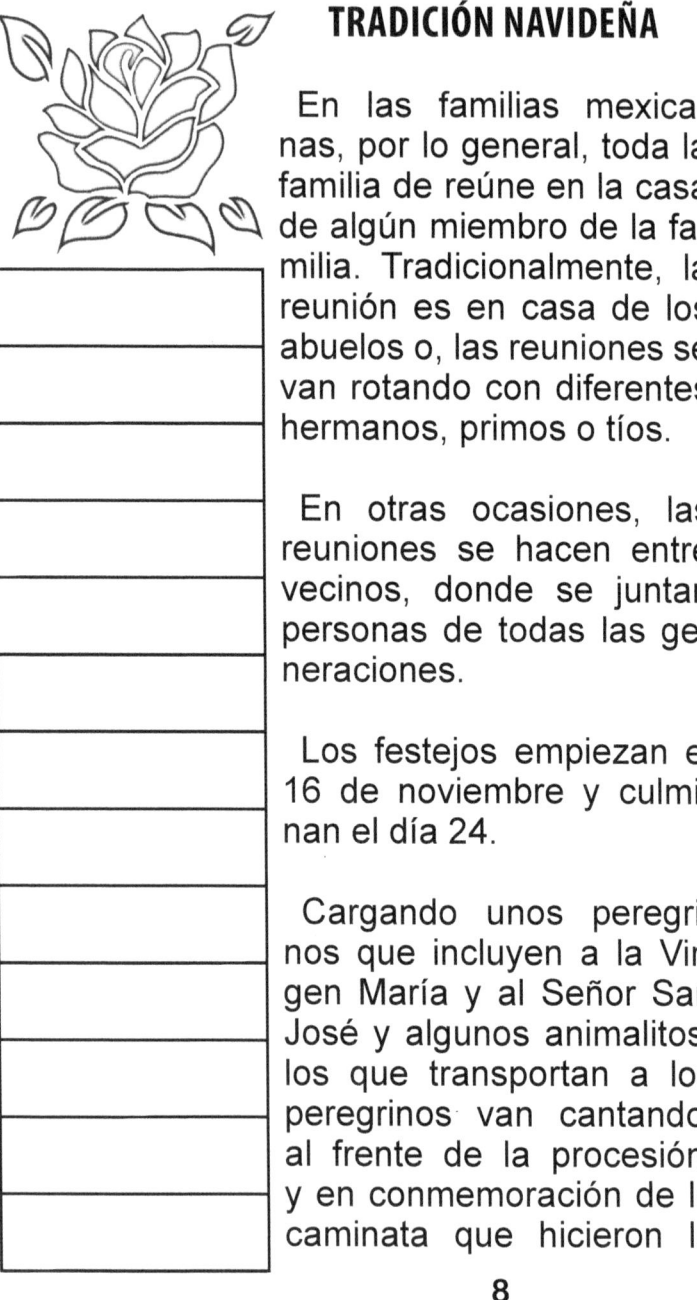

TRADICIÓN NAVIDEÑA

En las familias mexicanas, por lo general, toda la familia de reúne en la casa de algún miembro de la familia. Tradicionalmente, la reunión es en casa de los abuelos o, las reuniones se van rotando con diferentes hermanos, primos o tíos.

En otras ocasiones, las reuniones se hacen entre vecinos, donde se juntan personas de todas las generaciones.

Los festejos empiezan el 16 de noviembre y culminan el día 24.

Cargando unos peregrinos que incluyen a la Virgen María y al Señor San José y algunos animalitos, los que transportan a los peregrinos van cantando, al frente de la procesión, y en conmemoración de la caminata que hicieron la

Virgen y Señor San José en las horas previas al nacimiento del Niño Jesús.

Atrás de los que cargan los peregrinos, van los demás participantes. Todos llevan una pequeña vela encendida, como para alumbrar el camino de los peregrinos.

Previamente se organizan cuales de los participantes serán los que "negarán" albergue a los santos peregrinos y cuál será la casa que por fin les dará el asilo anhelado.

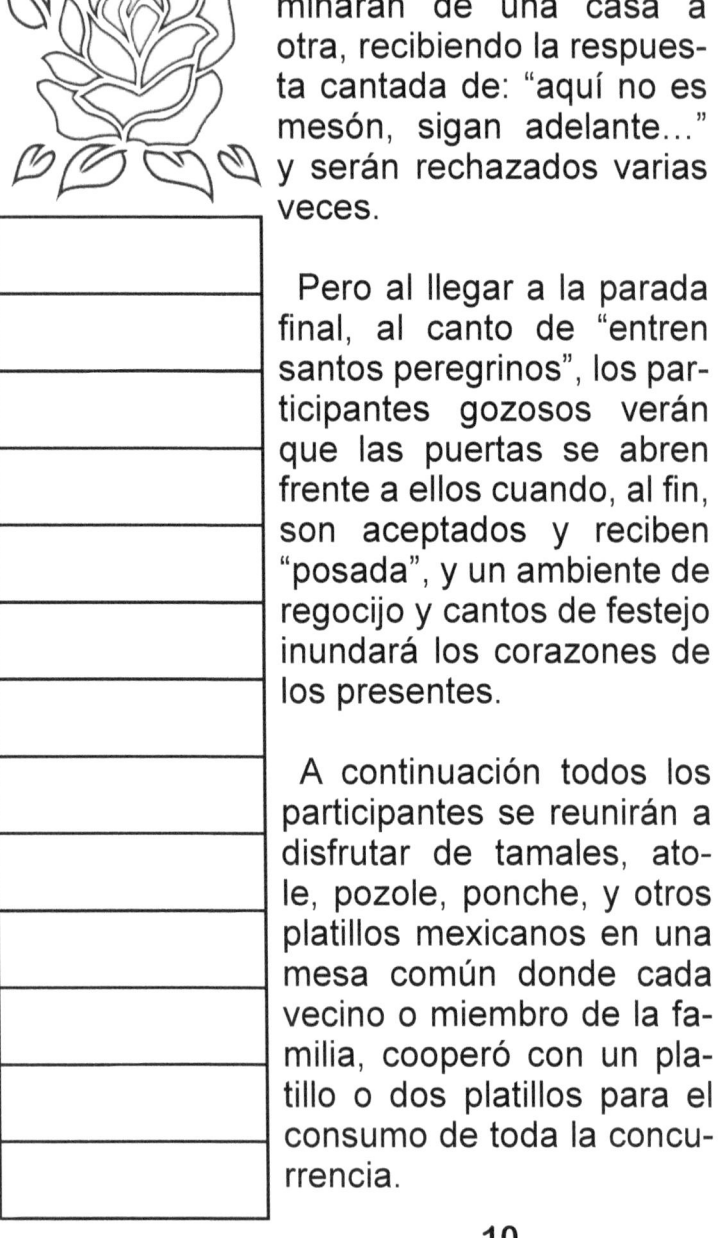

Y así, los peregrinos caminarán de una casa a otra, recibiendo la respuesta cantada de: "aquí no es mesón, sigan adelante..." y serán rechazados varias veces.

Pero al llegar a la parada final, al canto de "entren santos peregrinos", los participantes gozosos verán que las puertas se abren frente a ellos cuando, al fin, son aceptados y reciben "posada", y un ambiente de regocijo y cantos de festejo inundará los corazones de los presentes.

A continuación todos los participantes se reunirán a disfrutar de tamales, atole, pozole, ponche, y otros platillos mexicanos en una mesa común donde cada vecino o miembro de la familia, cooperó con un platillo o dos platillos para el consumo de toda la concurrencia.

Habrá piñatas y bolsitas de "aguinaldo" para los niños.

El día 24, fecha que culmina la temporada de posadas, los participantes se reunirán a "arrullar" al niño, el cual ya estará colocado debidamente en el pesebre junto a sus padres.
Estarán también los Reyes Magos admirando al recién nacido.

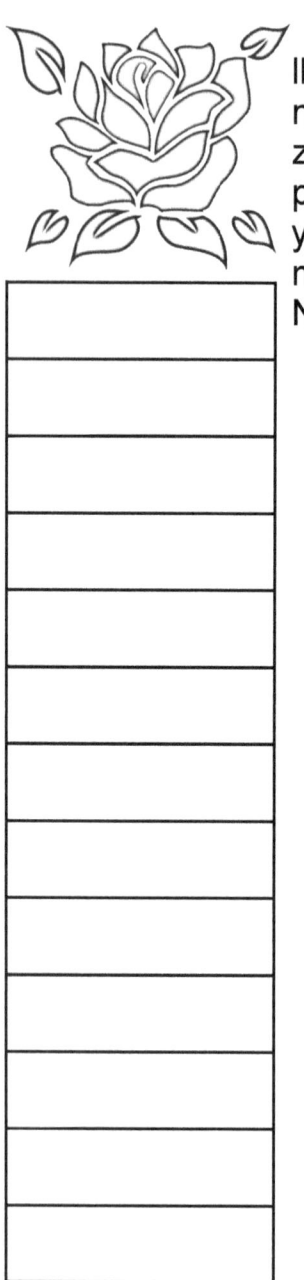

En la ceremonia de "arrullo" habrá cantos, oraciones, seguramente se rezará un rosario y todos los participantes se gozarán y celebrarán el renovado milagro del nacimiento del Niño Jesús.

CÁNTICO PARA PEDIR POSADA

AFUERA:
En el nombre del cielo
Os pido posada
Pues no puede andar
mi esposa amada

ADENTRO:
Aquí no es mesón
sigan adelante
yo no puedo abrir
no sea tunante

AFUERA:
No seas inhumano
denos caridad
que el Dios de los cielos
te lo premiará

ADENTRO:
Ya se pueden ir y
no molestar
porque si me enfado
os voy a apalear

AFUERA:
Venimos rendidos
desde Nazaret
yo soy carpintero

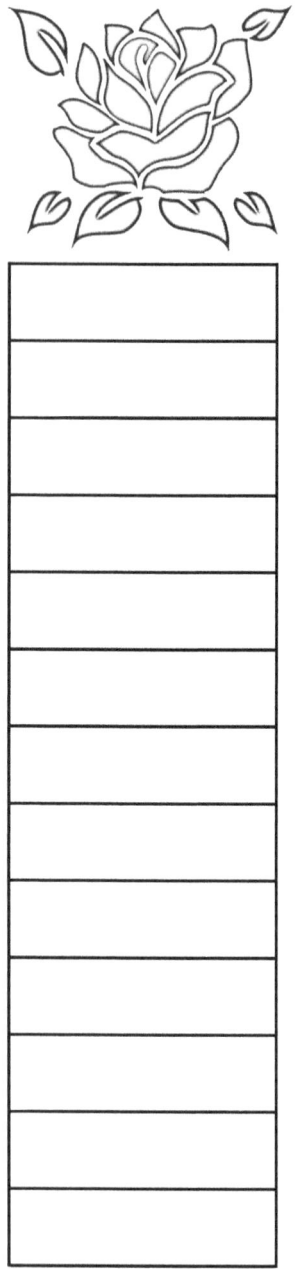

de nombre José

ADENTRO:
No me importa el nombre
déjenme dormir
pues yo les digo
que no hemos de abrir

AFUERA:
Posada te pide
amado casero
por sólo una noche
la Reina del cielo

ADENTRO:
Pues si es una Reina
quién lo solicita
como es que de noche
anda tan solita

AFUERA:
Mi esposa es María
es Reina del cielo
y Madre va a ser
del Divino Verbo

ADENTRO,
AL ABRIR LA PUERTA:

¿Eres tu José
tu esposa María?
¡entren peregrinos
no los conocía!

LOS DE AFUERA AL IR EN-
TRANDO:

Dios pague señores
vuestra caridad
y que os colme el cielo
de felicidad

TODOS, ADENTRO:

Dichosa la casa
que alberga este día
a la Virgen Pura
la hermosa María
Entren Santos peregrinos
peregrinos,
reciban este rincón
que aunque pobre
la morada, la morada
os la doy de corazón
¡Cantemos con alegría,
todos al considerar
que Jesús, José y María,
nos vinieron hoy a honrar.

PONCHE NAVIDEÑO MEXICANO (RECETA TRADICIONAL)

Ingredientes:

(Para aproximadamente 10–12 tazas)

3 litros de agua
4 tejocotes (puedes usar más si te gustan)
2 manzanas (rojas o verdes), en cubos medianos
2 peras, en cubos medianos
1/2 taza de pasas
1/2 taza de ciruelas pasas sin hueso
1/2 taza de guayabas en rodajas
1 caña de azúcar pelada y cortada en bastones (opcional)
2 ramas de canela
4 clavos de olor
1 trozo de piloncillo (o azúcar morena al gusto)
1 puñito de flor de jamaica (opcional, para acidez y color)

(Opcional) Un chorrito de ron, brandy o aguardiente para los adultos

Preparación:

Hierve el agua en una olla grande junto con la canela, clavos, jamaica y el piloncillo. Deja hervir hasta que el piloncillo se disuelva completamente.

Mientras tanto, hierve los tejocotes en otra olla pequeña por unos 5 minutos, luego retírales la piel y el corazón.

Una vez que el agua principal esté hirviendo con las especias, agrega los tejocotes, las manzanas, peras, guayabas, caña, pasas y ciruelas.

Hierve a fuego medio por 30 a 40 minutos, hasta que la fruta esté bien cocida y los sabores se integren.

Prueba y ajusta el dulzor con más piloncillo o azúcar si es necesario.

Sirve bien calientito en

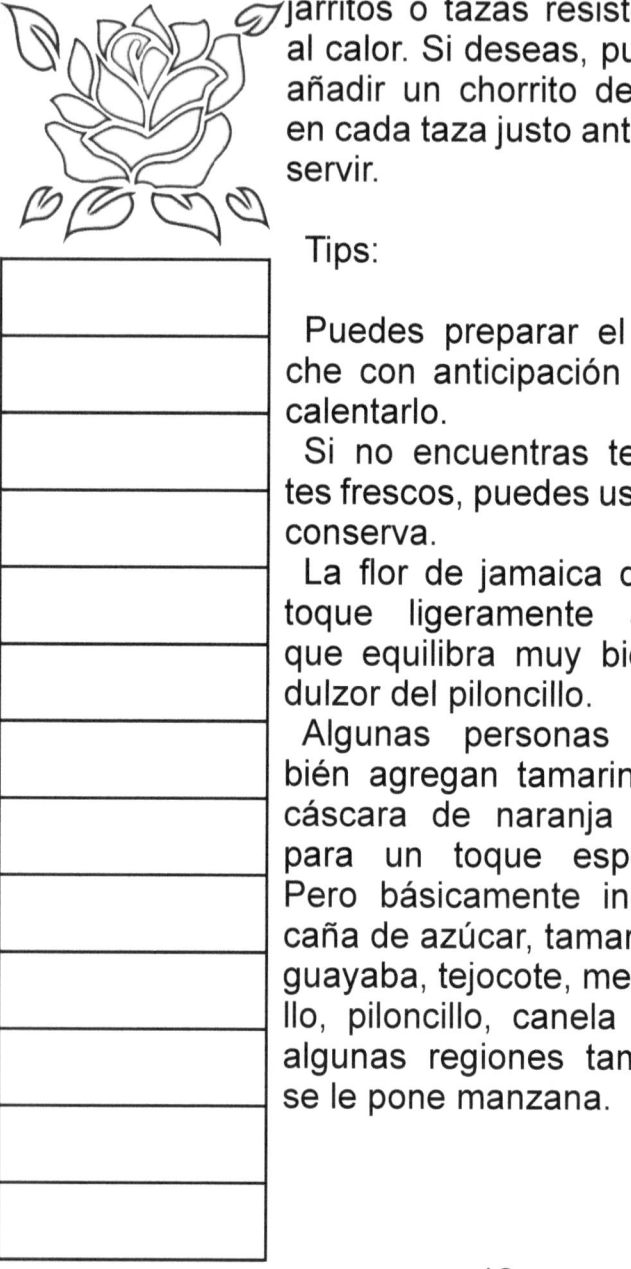

jarritos o tazas resistentes al calor. Si deseas, puedes añadir un chorrito de licor en cada taza justo antes de servir.

Tips:

Puedes preparar el ponche con anticipación y recalentarlo.

Si no encuentras tejocotes frescos, puedes usar en conserva.

La flor de jamaica da un toque ligeramente ácido que equilibra muy bien el dulzor del piloncillo.

Algunas personas también agregan tamarindo o cáscara de naranja seca para un toque especial. Pero básicamente incluye caña de azúcar, tamarindo, guayaba, tejocote, membrillo, piloncillo, canela y en algunas regiones también se le pone manzana.

LA PIÑATA

La piñata es una construcción artesanal hecha con barro y papel o solo papel que se usa como representación de los pecados capitales en la religión católica, se debe de romper con un palo que representa la fortaleza y fuerza de Dios, y al romperse caen dulces o frutas con las que estaba rellena, estas son recompensas y dones por vencer al pecado.

Se presume que el origen de la piñata es chino. En las celebraciones del Año Nuevo chino, se construía un animal de papel, que era rellenado por cinco tipos diferentes de semillas. El viajero Marco Polo llevó la costumbre a Europa. En Italia se adoptó el nombre *pignatta* y se le dio un sentido religioso, ajustándola a las fiestas de la cuaresma.

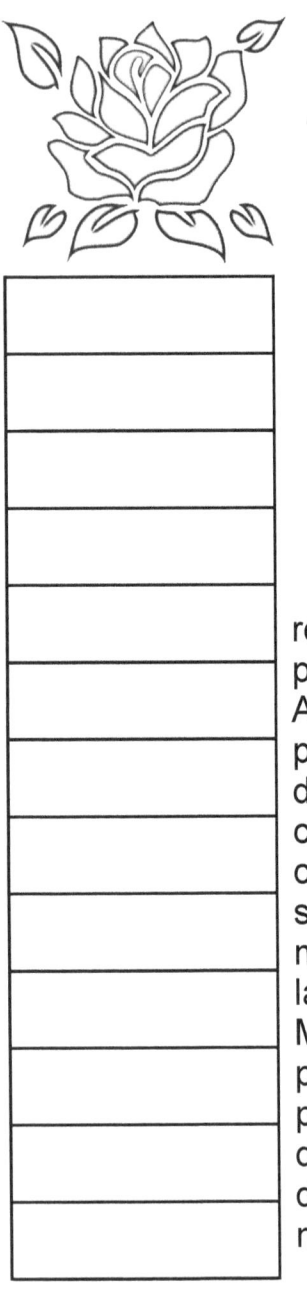

De acuerdo a la tradición religiosa adoptada en España y posteriormente en América en el siglo XVI, la piñata debe ser en forma de estrella con siete picos, cada pico es un pecado capital. En esta tradición, se dejó de asociar estrictamente a la cuaresma con las piñatas. La tradición en México y en algunos otros países consiste en romper piñatas en tiempo de Navidad, durante la celebración de Las Posadas y, asimismo, en celebraciones de cumpleaños. En los casos de aniversarios, las piñatas adquieren la forma normalmente de algún personaje famoso o de una película o caricatura de moda.

Al romper la piñata se pueden realizar algunos cantos; entre los más conocidos están los siguientes:

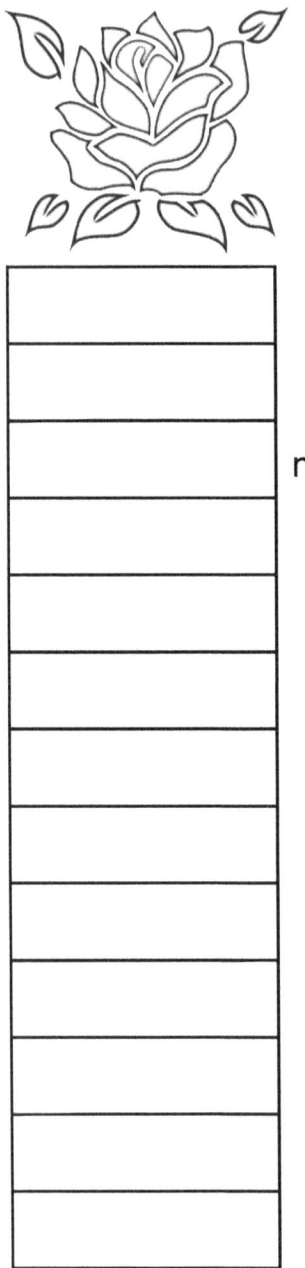

CÁNTICO PARA LA PIÑATA

Ándale Juana
no te dilates,
con la canasta
de los cacahuates.
 Anda María
 sal del rincón
 con la canasta
 de la colación
 Echen confites y canelones
 Pa'los muchachos
 que son muy tragones.

CÁNTICOS PARA ROMPER LA PIÑATA

Dale, dale, dale,
no pierdas el tino,
mide la distancia,
que hay en el camino.

La piñata tiene caca,
tiene caca,
tiene caca,
cacahuates de a montón.

Esta piñata
es de muchas mañas,
sólo contiene,
naranjas y cañas.

No quiero oro
ni quiero plata
yo lo que quiero
es romper la piñata

En esta posada
nos hemos chasqueado
porque Teresita
nada nos ha dato

todos los muchachos
rezaron con devoción
de chochos, confites

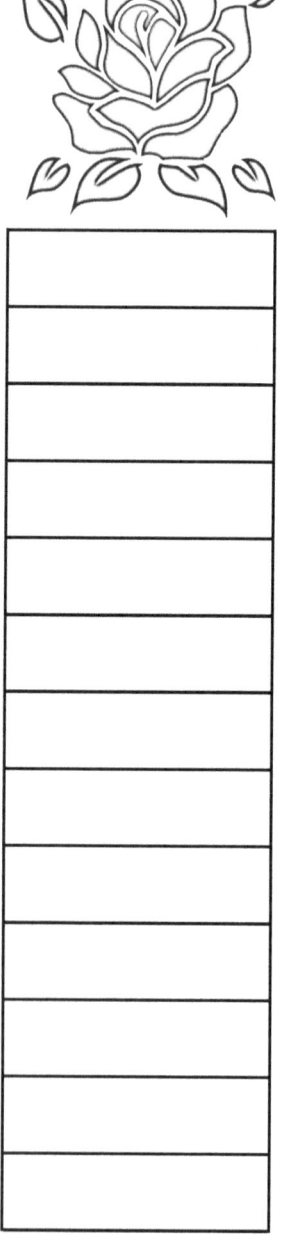

les dan su ración

Castaña asada,
piña cubierta
traigan ahora
a los de la puerta

De cerritos
y cerrotes
saltan y brincan
los tejocotes

CANCIÓN DE CUNA PARA EL NIÑO DIOS

Duérmete niño chiquito,
duérmete Dios inmortal
que si Herodes te persigue
Herodes no te ha de hallar

Haces pucheritos tiernos
de sentir el frío tan cruel
duérmete, Dios mío, no llores,
duerme Sagrado Emanuel.

Duérmete niño chiquito
deja de llorar mejor
porque tus pastores todos
alegres se van Señor.

Duérmete Niño Jesús,
duérmete padre amoroso
para caminar contentos
y despedirnos con gozo.

Vamos todos los pastores,
vamos todos a Belén,
a adorar al niño,
y a María también.

Yo le llevo al niño,
un blanco pañuelo,
y en esta jaula
le llevo un jilguero.

NOCHE DE PAZ

¡Noche de paz,
noche de amor!
Ha nacido el niño Dios
en un humilde portal de Belén
sueña un futuro de amor y de fe
viene a traernos la paz,
viene a traernos la paz.
Desde el portal llega tu luz
y nos reúne en torno a ti
ante una mesa de limpio mantel
o en el pesebre María y José
en esta noche de paz:
en esta noche de paz.

EL NIÑO DEL TAMBOR

El camino que lleva a Belén
baja hasta el valle
que la nieve cubrió.
Los pastorcillos quieren
ver a su Rey,
le traen regalos
en su humilde zurrón
al Redentor, al Redentor.
Yo quisiera poner a tu pies
algún presente
que te agrade Señor,
más Tú ya sabes
que soy pobre también,
y no poseo más que
un viejo tambor.
(rom pom pom pom, rom

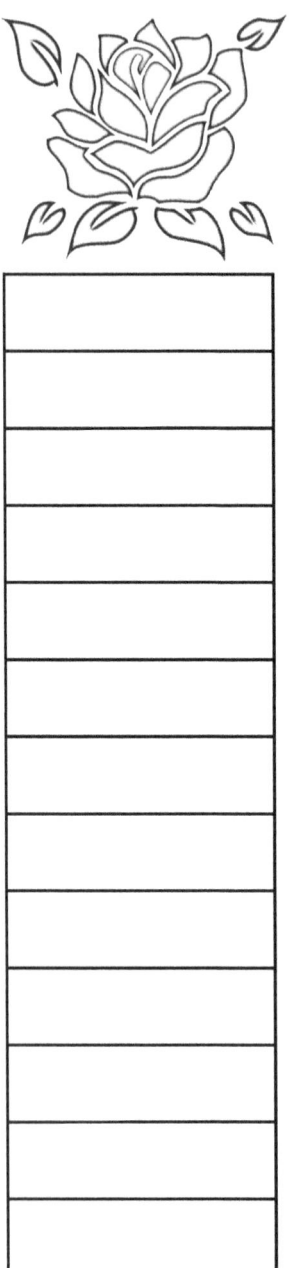

pom pom pom) con mi tambor!
El camino que lleva a Belén
voy marcando
con mi viejo tambor,
nada hay mejor
que yo pueda ofrecer,
su ronco acento
es un canto de amor
al Redentor, al Redentor.
Cuando Dios me vió
tocando ante El
me sonrió.
(rom pom pom pom, rom pom pom pom) con mi tambor!

LOS PECES EN EL RÍO

La Virgen se está peinando

Entre cortina y cortina
Sus cabellos son de oro
Y el peine de plata fina
Pero mira cómo beben los peces en el río
Pero mira cómo beben por ver al Dios nacido
Beben y beben y vuelven a beber
Los peces en el río por ver a Dios nacer
La Virgen está lavando
Y tendiendo en el romero
Los angelitos cantando
Y el romero florecido
Pero mira cómo beben los peces en el río
Pero mira cómo beben por ver al Dios nacido
Beben y beben y vuelven a beber
Los peces en el río por ver a Dios nacer
La Virgen está lavando
Con muy poquito jabón
Se le picaron las manos
Manos de mi corazón

Pero mira cómo beben los peces en el río
Pero mira cómo beben por ver al Dios nacido
Beben y beben y vuelven a beber
Los peces en el río por ver a Dios nacer

POEMA, VILLANCICO Y VERSO

1. Poema Navideño Tradicional

Nochebuena

Francisco González Bocanegra (1824–1861), poeta mexicano y autor del Himno Nacional Mexicano.

En la noche de diciembre
que en silencio se ilumina,
nace el Niño en un pesebre,
brilla el alma peregrina.

Con los cantos y las velas
se renuevan los amores,
y en los cielos las estrellas
parecen rezar las flores.

2. Villancico Regional Mexicano

A la nanita nana

A la nanita nana, nanita
ea, nanita ea,
mi Jesús tiene sueño, bendito sea, bendito sea.
Fuentecita que corres cla-

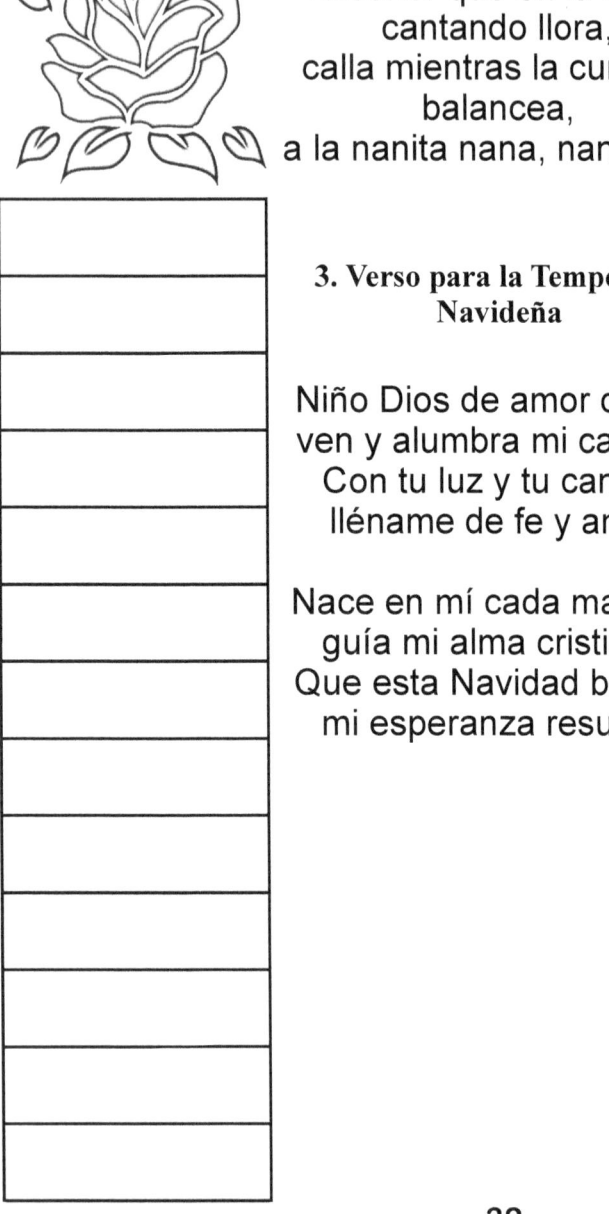

ra y sonora,
ruiseñor que en la selva cantando llora,
calla mientras la cuna se balancea,
a la nanita nana, nanita ea.

3. Verso para la Temporada Navideña

Niño Dios de amor divino,
ven y alumbra mi camino.
Con tu luz y tu candor,
lléname de fe y amor.

Nace en mí cada mañana,
guía mi alma cristiana.
Que esta Navidad bendita
mi esperanza resucita.

LETANÍA PARA EL NIÑO RECIÉN NACIDO

Esta letanía se puede repetir al principio de los rezos, o al cierre de los mismos.

1. Divino Niño Jesús:
2. Verbo del Padre Eterno,
3. ¡Conviérteme!
4. Hijo de María,
5. ¡Tómame como hijo tuyo!
6. Maestro mío, ¡Enséñame!
7. Príncipe de la Paz, ¡Dame la paz!
8. Refugio mío, ¡Recíbeme!
9. Pastor mío, ¡Alimenta mi alma!
10. Modelo de paciencia, ¡Consuélame!
11. Manso y humilde de corazón, ¡Ayúdame a ser como tú!
12. Redentor mío, ¡Sálvame!
13. Mi Dios y mi todo, ¡Dirígeme!

14. Verdad eterna, ¡Instrúyeme!
15. Apoyo mío, ¡Dame fuerzas!
16. Mi justicia, ¡Justifícame!
17. Mediador mío con el Padre, ¡Reconcíliame!
18. Médico de mi alma, ¡Cúrame!
19. Juez mío, ¡Perdóname!
20. Rey mío, ¡Gobiérname!
21. Santificación mía, ¡Santifícame!
22. Pozo de bondad, ¡Perdóname!
23. Pan vivo del cielo, ¡Nútreme!
24. Padre del pródigo, ¡Recíbeme!
25. Júbilo de mi alma, ¡Sé mi única felicidad!
26. Ayuda mía, ¡Asísteme!
27. Imán de amor, ¡Atráeme!
28. Protector mío, ¡Defiéndeme!
29. Esperanza mía, ¡Sosténme!

30. Objeto de mi amor, ¡Úneme a ti!
31. Fuente de mi vida, ¡Refréscame!
32. Mi último fin, ¡Déjame poseerte!
33. Mi gloria, ¡Glorifícame!
34. Divino Niño Jesús, ¡En ti confío!

Papá Dios: que tu sabiduría nos guíe; que tu luz ilumine nuestro camino; que tu amor nos de paz; que tu poder nos proteja, y que por donde quiera que caminemos, tu presencia nos acompañe. Gracias Papá Dios que ya nos oíste. Amén.

www.ingramcontent.com/pod-product-compliance
Lightning Source LLC
Chambersburg PA
CBHW070633150426
42811CB00050B/292